Die schönsten Silbengeschichten
für Jungs zum Lesenlernen

# Die schönsten Silbengeschichten für Jungs zum Lesenlernen

www.leseloewen.de

ISBN 978-3-7855-8336-4
6. Auflage 2020
© 2015 Loewe Verlag GmbH, Bindlach
Dieser Titel enthält die Einzeltitel *Feuerwehrgeschichten*,
*Rennfahrergeschichten* und *Schatzjägergeschichten* aus der Reihe *Lesetiger*
© 2013, 2014 Loewe Verlag GmbH, Bindlach
Umschlagillustration: Silvia Christoph
Umschlaggestaltung: Sophie Hahn
Printed in the EU

www.loewe-verlag.de

# Inhalt

## Feuerwehrgeschichten

Wasser marsch! . . . . . . . . . 12

Theos großer Tag . . . . . . . 21

Einsatzort Kirmesplatz . . . . . . . 30

Durch die Nacht . . . . . . . . . 39

## Rennfahrergeschichten

Gefunden . . . . . . . . . 50

Gokart, vor! . . . . . . . . . 60

Der Hauptgewinn . . . . . . . . 67

Durch die Sterne, fertig, los! . . . . . 74

## Schatzjägergeschichten

Gold im Dschungel . . . . . . . . . . . 88

Das Wrack am Meeresgrund . . . . . 97

Schatzjagd auf dem Mars . . . . . . 105

Wettlauf mit der Lava . . . . . . . . . 114

**Mit bunten Silben lesen lernen** . . 124

Alexandra Fischer-Hunold

# Feuerwehrgeschichten

Illustriert von Irmgard Paule

# Wasser marsch!

„Wo wollt ihr hin?", fragte Mama.
„Zum Feuerwehrmann-Test",
erklärte Ida.

„Drüben bei Onkel Hans",
ergänzte Malte.

„Na dann, viel Glück!",
wünschte Mama.
„Und seid pünktlich
zum Essen zurück."

Malte und Ida kletterten
über den Zaun
in den Garten von Onkel Hans.

„Zielen, robben, klettern!
Das müsst ihr können!",
hörten sie Onkel Hans sagen,
als er auf die Terrasse trat.

Onkel Hans wusste das so genau,
weil er ein Feuerwehrmann ist.

Er winkte Malte zu sich.
„Ob du das dicke Seil
am Baum triffst?"

Er gab Malte einen Schlauch
und drehte das Wasser auf.

Malte zielte.
Schon schaukelte das Tau
im Wasserstrahl.

Auch Ida traf sofort.
„Zielen klappt gut!",
lobte Onkel Hans.

Dann sollten Ida und Malte
durch einen Tunnel robben.
Es war ein altes Rohr.

Ida kroch zwei Sekunden
schneller als Malte.
Das machte richtig Spaß!

Dann war Klettern dran!
Obwohl das Tau ganz nass war,
war Malte sofort auf dem Baum.
Ida brauchte etwas länger.

„Ihr wart toll!",
gratulierte Onkel Hans.
„Wie richtige Feuerwehrmänner!"

„Riecht ihr das?", fragte Ida.
Aus dem Garten ihrer Eltern
stieg dunkler Qualm auf.

Malte nahm sich den Schlauch
und kletterte über den Zaun.
„Wasser marsch!", rief er.
Ida drehte den Wasserhahn auf.

Onkel Hans und Ida
rasten hinter Malte her.
„Falscher Alarm!", rief er.

„Wir wollten doch grillen!",
sagte der nasse Papa
und schaute traurig
auf das tropfende Fleisch.

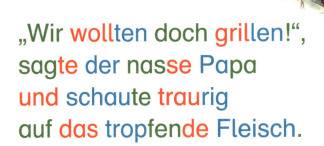

# Theos großer Tag

Heute darf Theo Papa zur Feuerwache begleiten.

Immer wieder denkt Theo: „Hoffentlich gibt es einen Einsatz für mich!"

Da sind Ingo und Klaus.
Sie überprüfen die Schläuche.

Ein Gong ertönt.
„Wohnungsbrand. Turmstraße 7",
kommt es aus dem Lautsprecher.

„Da wohnt doch Merle!",
ruft Theo entsetzt.

„Deine Merle?",
fragt Papa
und Theo wird rot.

Die Feuerwehrmänner rutschen
an einer Stange herunter.
Alle schlüpfen
in die Uniformen.

Sie klettern
in die Feuerwehrwagen.
Theo steigt bei Papa ein.

Mit lautem Tatütata rasen
sie durch die Stadt.

Da ist das brennende Haus!
Theo beobachtet ganz genau
das Ausrollen der Schläuche.

Die Hausbewohner stehen
hinter einer Absperrung.
Merle ist auch dabei.

„Rosa ist noch
in meinem Zimmer!",
ruft sie Theo zu.

„Da oben ist noch eine Katze!",
brüllt Theo seinem Papa zu.
Tatsächlich! Rosa hockt
auf einer Fensterbank.

Sofort klettert Papa
auf die Drehleiter.

Jetzt ist Papa am Fenster.
Vorsichtig nimmt er Rosa
und trägt sie runter.

Unten angekommen, legt er
die kleine Katze in Theos Arme.

„Du hast Rosa gerettet!",
ruft Merle überglücklich
und gibt Theo einen Kuss.

Theo strahlt.
Was für ein Einsatz!

# Einsatzort Kirmesplatz

„Zuerst gehen wir auf das Riesenrad", entschied Oma.

„Riesenrad ist langweilig!" Brummig hockte sich Nick neben Oma in die Gondel.

„Was für eine Aussicht!",
freute sich Oma.

„Da unten
ist doch gar nichts los!",
murmelte Nick.

Da gab es plötzlich
einen Ruck.
Das Riesenrad drehte sich
nicht mehr!

Nick beugte sich
über die Gondel.

32

Tief unter ihm
liefen die Leute
aufgeregt durcheinander.

„Das Riesenrad klemmt!",
rief Nick.
Nick war jetzt hellwach.
Oma wurde ganz blass.

„Was passiert denn jetzt?",
fragte Oma besorgt.

„Da kommt die Feuerwehr,
um uns zu retten!",
jubelte Nick.

Mit Blaulicht und Sirene brauste die Feuerwehr durch die Straßen.

Sie bahnte sich ihren Weg bis zum Riesenrad. Viele Feuerwehrmänner sprangen aus den Fahrzeugen.

Die Feuerwehrmänner winkten
die neugierigen Zuschauer weg.

Ein Feuerwehrmann stieg
in den Korb der Drehleiter.
Er hakte den Karabiner fest,
um sich zu sichern.

„Die holen uns
mit der Drehleiter!"
Nick war total
aus dem Häuschen.

Aufgeregt beobachtete er,
wie sich der Korb
nach oben schob.

„Wer will zuerst?",
fragte der Feuerwehrmann,
bei Oma und Nick angekommen.

„Meine Oma!", rief Nick.
„Ich bleibe hier.
Endlich habe ich
eine tolle Aussicht!"

# Durch die Nacht

„Hoffentlich sind wir
bald zu Hause!",
seufzt Mama.

Dicke Tropfen prasseln
auf die Windschutzscheibe.
Es ist stockdunkel.

Ein Blitz erhellt die Nacht.
Ein Donner kracht.
„Ich habe Angst!",
wispert Leonie.

Papa schaut sie
im Rückspiegel an.
„Im Auto bist du sicher!"

„Hat das gespritzt,
als wir durch die Pfütze
gefahren sind!",
staunt Henri begeistert.

„Beinahe wären wir da
nicht durchgekommen!"
Papa runzelt die Stirn.

„Wir hätten erst
nach dem Sturm
losfahren sollen",
flüstert Mama ängstlich.

Plötzlich bremst Papa stark.
Direkt vor dem Wagen
liegt ein Baumstamm.

„Zurück?", schlägt Mama vor.
Doch Papa schüttelt den Kopf.
„Die Pfütze ist bestimmt
schon ein See geworden."

„Ruf die 112 an!",
sagt Henri.
„Gute Idee!", meint Papa.

Mama nimmt ihr Handy
und ruft die Feuerwehr.

„Sie sind da!", freut sich Henri,
als das Blaulicht
durch die Nacht zuckt.

Mit einer Motorsäge
sägt ein Feuerwehrmann
den Baumstamm in zwei Teile.

Leonie hält sich die Ohren zu.
Die Säge ist so laut!

Dann haken die Feuerwehrleute
Stahlseile um die Stämme.

Mit einer elektrischen Winde
ziehen sie sie zur Seite.
Die Straße ist wieder frei.

„Dahinten ist ein Gasthof",
sagt ein Feuerwehrmann.
„Warten Sie dort
den Sturm ab."

„Machen wir!", rufen
Mama, Papa, Henri und Leonie.
„Ganz bestimmt."

Michaela Hanauer

# Rennfahrergeschichten

Illustriert von Lisa Althaus

# Gefunden

Kimis Vater ist Mechaniker.
Er kümmert sich nicht
um normale Autos,
sondern um Formel-1-Wagen.

Ausnahmsweise darf Kimi mit.
Er soll in der Ecke sitzen.
Und ganz, ganz still sein!

Kimi darf keinem im Weg stehen.
Denn auch vor dem Training
muss jeder Handgriff sitzen.

Er verspricht es fest.
Hauptsache, er darf zusehen!

Gerade sind die Reifen dran.
Eins, zwei, drei, vier –
und alle sind befestigt!

Jetzt kommt der Fahrer.
Er hat schon den Rennanzug an.

**A**ber die Sturmhaube
und die Handschuhe legt er
auf ein Regal neben Kimi.

Kurz darauf stößt ein Mann
gegen das Regal
und ein Handschuh
fällt hinunter.

Kimi will ihn aufheben.
„Mist! Ich hab ja versprochen,
mich nicht zu bewegen!"
Also bleibt er liegen.

Der Fahrer lässt das Auto an.
Krk, krk, krack, krock …
Oje, das klingt nicht gut!

Sofort untersuchen
die Männer den Motor.

„Kontrolliert die Zündkerzen",
schlägt der Fahrer vor.
Kimis Papa rennt zum Regal.
Er holt schnell sein Werkzeug.

Als er weg ist,
kann Kimi den Handschuh
nicht mehr sehen.
Aber er soll ja nicht stören.

Endlich ist der Fehler gefunden
und der Motor läuft wieder.

Das Training kann beginnen!
Der Fahrer guckt ins Regal,
blickt eilig zu Boden
und runzelt die Stirn.

„Er sucht sicher den Handschuh!
Wo kann er bloß sein?",
überlegt Kimi aufgeregt.

Hat Kimis Papa ihn
hinter die Reifen geschubst?
Nun hält Kimi nichts mehr
auf seinem Stuhl.

Er tastet hinter die Reifen.
Dort spürt er etwas Weiches
und zieht es hervor.

„Ich hab ihn!", ruft Kimi.
Der Fahrer strahlt. „Danke!"
Denn ohne Handschuhe
hätte er nicht fahren dürfen.

Papa lobt Kimi
und setzt ihm seine Mütze auf.
Ab jetzt gehört Kimi zum Team!

# Gokart, vor!

Mit seinen Freunden darf Nico
heute zum ersten Mal
auf die Kartbahn!

Natürlich stürzen sich
alle auf das rote Kart.
Schließlich ist Rot
die Farbe von Ferrari!

„Wir losen die Autos aus",
sagt Peter, der Bahnbetreiber.

O nein, Nico zieht Babyblau!
„Fast so peinlich wie Rosa!
Warum nicht Dunkelblau?",
grummelt er.
Die anderen lachen.

„Ich fahre lieber nicht mit",
beschließt er traurig.
Da zeigt Peter ihm ein Foto:
sein Idol, Michael Schumacher,
in einem Formel-1-Auto.
Es ist grün-blau.
Und hellblau!

Also gibt Nico sich einen Ruck.
In der Vorrunde verpasst er
knapp die Poleposition.

Jetzt wird es ernst.
Die Ampel schaltet um.
Nico gibt Vollgas.

Vor ihm schießt
David im roten Kart davon.
Nico rast hinterher.

Vor der Kurve
drosselt er kurz das Tempo.
Danach gibt er wieder Gas.
Gleich hat er David eingeholt!

Nico tritt das Gaspedal durch,
zieht nach links und überholt.

Das rote Kart bleibt zurück.
Und da vorn ist auch schon
die schwarz-weiße Zielflagge!

„Gewonnen!
Ich hab es geschafft!
Hellblau ist eben doch
viel besser als Rot!",
jubelt Nico glücklich.

# Der Hauptgewinn

Basti darf zur Formel 1.
Live, nicht bloß am Fernseher!

Doch dann der Schock:
Mamas beste Freundin kommt mit!
Und es wird noch schlimmer:
ihre Tochter Sara auch!

"Aber Mädchen verstehen doch gar nichts von Autos!", denkt Basti genervt.

Der Rennheimring wird heute 80!
„Älter als meine Oma",
flüstert Sara.
Basti schmollt und schweigt.

Zur Feier erhält jeder Zuschauer
ein Los mit einer Glücksnummer.
Wer gezogen wird, darf sich
in einen Rennwagen setzen!

„Bitte, bitte die 371!",
wünscht sich Basti.

Langsam liest die Glücksfee vor:
„Drei – sieben –"
Basti hält den Atem an.
„Sag *eins*", denkt er.

Dann nennt die Glücksfee
die letzte Ziffer: „Zwei!"
Basti lässt den Kopf hängen.

Plötzlich spürt er
eine Hand in seiner.
O nein, jetzt will Sara
auch noch Händchen halten!

Genervt zieht Basti
seine Hand weg.
Aber Sara ist schneller.

„Da, nimm!"
Basti öffnet seine Hand.
Darin liegt die Nummer 372!

„Für – für mich?", stammelt er.
„Wenn du dann wieder lachst!",
erklärt Sara.
Basti bedankt sich verlegen.

Es ist aufregend, in einem
richtigen Cockpit zu sitzen.

Noch toller findet es Basti,
mit Sara beim Rennen
ihr Lieblingsteam anzufeuern.
Sara versteht doch
ganz schön viel von der Formel 1!

# Durch die Sterne, fertig, los!

Adrian hat zwei Hobbys:
Sterne beobachten
und bei Autorennen zusehen.

Er liebt Straßenrennen,
wenn der Beifahrer
seinen Fahrer anleitet.

Heute findet kein Rennen statt.
Also beobachtet Adrian
durch sein Teleskop die Sterne.

Er traut seinen Augen kaum:
Dort oben bewegt sich was!
Ist das etwa ein Auto?!
Nein, es sind sogar mehrere!

Es sieht aus wie ein Autorennen
auf der Milchstraße!

Ein Auto gerät ins Schleudern,
rutscht in einen Sternenhaufen
und bleibt stehen.

„Nein, das kann nicht sein.
Ich bin wohl einfach zu müde",
denkt Adrian und geht ins Bett.

Doch schon kurze Zeit später
wacht er wieder auf.
Jemand schüttelt ihn heftig.
Ein grünes Wesen steht vor ihm!

„Wer bist du?", fragt Adrian.
„Xong, vom Planeten Gamma",
antwortet das Wesen.

„Mein Beifahrer hat sich
vorhin beim Training verletzt.
Bitte, spring du für ihn ein!"

„Ich weiß nicht, ob ich das kann."
Adrian zögert.
Doch dann verspricht er,
es zu versuchen.

Die restliche Nacht brütet er
über dem Streckenverlauf
und seinen Sternenkarten.

Am Morgen ist Adrian zufrieden.
Nun kann er Xong hoffentlich
auf der Strecke lotsen!

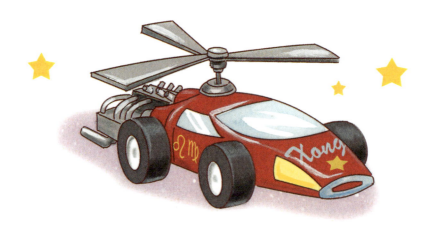

Xongs Rennauto hat
einen Außenmotor
und einen Rotor
wie ein Hubschrauber.

Die anderen Rennautos
sehen noch seltsamer aus.

Es gibt Autos mit Düsenantrieb
und Fallschirmbremsung.
Andere haben Flügel mit Krallen
oder glühende Lichtquellen.

„Habt ihr keine Vorschriften
für eure Autos?", fragt Adrian.
„Doch! Sie müssen fahren",
erklärt Xong.

Da taucht noch ein Wagen auf.
Er ist riesig und hat Dornen
an der Karosserie.

„Das ist der fiese Rog-Rog!
Er gewinnt jedes Rennen",
stöhnt Xong.

„Startet die Motoren!",
ruft der einäugige Rennleiter.
Und los geht's!
Adrian wird in den Sitz gepresst.

Adrian versucht vorzulesen:
„A…A…Achtung, Saturnnebel
in 300 Galaxometern!"
Xong gleitet gekonnt hindurch.

Sie umfahren ein schwarzes Loch.
Beinahe trifft sie ein Blitz!
Kam der etwa von Rog-Rog?

Zum Glück ist schon
der Zielplanet Mars in Sicht.
Nur Rog-Rog war schneller.

„Du warst spitze! Nächstes Mal
gewinnen wir!", ruft Xong.
„Geht klar!", meint Adrian
und platzt fast vor Stolz.

THiLO

# Schatzjägergeschichten

Illustriert von Heribert Schulmeyer

# Gold im Dschungel

Schatzjäger John
und sein Hund Schnapper
paddeln durch den Urwald.

„Hier irgendwo muss
der Tempel sein,
in dem der Schatz liegt",
murmelt John.

Dann entdeckt er ihn endlich:
den uralten Tempel der Inka!
Die zwei springen ans Ufer.

Als John den Tempel betritt,
fällt ihm ein Gerippe entgegen.
Mit einem Pfeil im Arm.

Schnapper riecht am Pfeil
und bellt aufgeregt.

John versteht.
„Du meinst, da war Gift dran?"

Er nimmt einen Stein
und wirft ihn in den Tempel.

*Zuff!* Ein weiterer Pfeil
saust heraus.
„Jetzt können wir", sagt John.

Plötzlich wackelt der Boden.
Eine Falltür!

Gerade rechtzeitig macht John
einen großen Satz nach vorn.
„Na, na, begrüßt man so
seine Gäste?", grummelt er.

Endlich erreichen sie
eine große Halle.
„Wir haben es geschafft,
alter Junge!", jubelt John.

Auf einem Steintisch
liegt jede Menge Gold.
Und eine Figur mit Rubinen.

Als John den Schatz nehmen will,
bellt Schnapper auf einmal laut.

John sieht auf.
Über dem Tisch hängt
eine riesige Steinkugel.
Sie wird auf den fallen,
der die Figur berührt!

Puh! Das ging gerade noch gut!

Schatzjäger John
lässt die Figur stehen
und trägt das Gold ins Kanu.

Im Urwald lauern
noch viele Gefahren.
Aber eines weiß John sicher:
Mit Schnapper im Boot
kann ihm nichts passieren.

# Das Wrack am Meeresgrund

Langsam sucht das Mini-U-Boot
den Meeresgrund ab.

Hier ist vor 500 Jahren
ein Schiff gesunken.
Keiner weiß, ob es
etwas Wertvolles geladen hatte.

„Da!", ruft Schatzjägerin Linda.
Der Lichtstrahl
scheint auf ein Wrack.

Ihr Kollege Max zieht sich
den Taucheranzug an.
„Halte mir die Haie vom Leib!",
sagt er zum Abschied.

Das Wasser ist eiskalt.
Durch eine geöffnete Luke
schwimmt Max in das Wrack.

„Wie ruhig es hier ist",
denkt Max.
„Zu ruhig! Wo sind die Fische?"

In diesem Augenblick
schießt ein Hai
aus dem Dunkeln hervor.

Die Zähne in seinem Maul
sind scharf wie Rasiermesser.

Max umschwimmt
eine Kanone.
Doch der Hai
lässt sich nicht abschütteln.

Da spürt Max in seinem Rücken
einen Türgriff.
Nur einen Augenblick später
landet er in einer Kabine.

Zum Glück ist die Türöffnung
zu schmal für den Hai!

Als sich Max umdreht,
stockt ihm der Atem:
Am Tisch sitzt ein Skelett!

In der Hand
hält es einen Schlüssel.
Max nimmt ihn an sich
und taucht zum Frachtraum.

Dort staunt Max nicht schlecht:
Alles ist voller Goldmünzen!

„Hoffentlich hat Linda
in den nächsten zehn Jahren
noch nichts vor", denkt Max.
„Da müssen wir Geld zählen!"

# Schatzjagd auf dem Mars

Wir befinden uns im Jahr 2540.
Seit 230 Jahren
reisen Menschen zum Mars.

An Bord des Raumschiffs 3-5x
sind zwei Schatzjäger:
Professor Neskin
und sein Assistent Igor.

„Fünf Millionen
hat uns der Flug gekostet",
erklärt Professor Neskin.

„Wenn wir hier
keinen Schatz finden,
können wir uns nie mehr
den Rückflug zur Erde leisten."

Das Raumschiff landet
an einem Lufthafen.
Igor und der Professor setzen
ihre Sauerstoffmasken auf.

Dann laden sie ihre Ausrüstung
in ein Marsmobil und fahren los.
Ziel: die rote Wüste.

Hier wurde früher erfolglos
nach Marsgold gegraben.

Das Gold vom Mars ist
das wertvollste Edelmetall,
das es gibt.
Aber mit normalem Werkzeug
ist es nicht zu finden.

Vorsichtig lenkt Professor Neskin
das Marsmobil in
ein altes Bergwerk.

Er will gar nicht wissen,
was passiert, wenn er
eine Stütze umfährt!

Am Ende des Stollens
stoppt er den Wagen.

Professor Neskin
untersucht den Boden
mit seiner neuesten Erfindung:
einem Detektor,
der nur auf Marsgold anspringt.

Plötzlich piept es.
„Wusste ich's doch",
jubelt er. „Hier ist etwas!"

Drei Tage und Nächte
bohren sie ohne Pause.

Igor will schon aufgeben,
als auf einmal etwas
im Gestein glitzert.

„Das ist Marsgold!"
Igor jubelt.
„Wir sind wirklich
auf eine Goldader gestoßen!"

„Morgen kaufen wir uns
das größte Raumschiff,
das wir kriegen können",
sagt Professor Neskin.

„Wir müssen ja schließlich
unsere Schätze
zur Erde bringen!"

# Wettlauf mit der Lava

Vor ein paar Tagen
hat Henry
eine Schatzkarte ausgegraben.
Auf einem alten Friedhof
der Indianer in der Wüste.

Die Karte zeigt
einen Vulkan.

In ihm soll
ein Schatz versteckt sein:
eine Friedenspfeife
aus purem Gold.
Einzigartig in der Welt.

Nun besteigen sie
zu dritt den Vulkan.

„300 Jahre war er ruhig",
schimpft Henry.
„Ausgerechnet jetzt
droht er auszubrechen."

Henry sieht
auf die Karte.

„Wir müssen hier steil bergauf."
Er verzieht das Gesicht.
„Und dann in den Vulkan."

Am Rand des Kraters
schlägt Lukas einen Pflock
in den Boden.

An ihm bindet Tom
einen Strick fest.

Henry wickelt sich das Seil
um den Bauch.
„Lasst mich runter!",
gibt er das Kommando.

Unter ihm brodelt die Lava.
Das flüssige Gestein
ist bestimmt tausend Grad heiß.

Die Lava kocht
immer höher.

„Halt!", ruft Henry.
Er hat einen Vorsprung
in der Wand entdeckt.
Dort muss das Versteck sein.

Schnell holt er
seine Schaufel hervor.
Er beginnt zu graben.

„Henry!", brüllt Lukas
zu ihm herunter.
„Du musst abbrechen,
die Lava kommt!"

Doch Henry stößt
mit seiner Schaufel
auf einen Hohlraum.
Und darin ist die Friedenspfeife!

Dann geht alles ganz schnell:
Lukas und Tom
ziehen Henry nach oben.

Gerade noch rechtzeitig
erreichen die drei Schatzjäger
ihr Auto und können sich retten.

Später sind sich alle einig:
Dieser prachtvolle Schatz
war jede Gefahr wert!

# Mit bunten Silben lesen lernen

In diesem Band sind alle Wörter der Geschichten in farbig
markierte Buchstabengruppen, die Sprechsilben, unterteilt.
Kurze Einteilungen wie diese sind für Erstleser einfacher und
schneller zu erfassen als ganze Wörter.

Doch was genau sind eigentlich Sprechsilben? Eine Silbe ist die
kleinste Lautgruppe eines Wortes. Sprechsilben ergeben sich
durch langsames Sprechen und zeigen die Sinnzugehörigkeit der
einzelnen Buchstaben an. Sie helfen, den Sinn der Wörter zu
verstehen. Im Gegensatz zur Worttrennung am Zeilenende in
geschriebener Sprache werden bei Sprechsilben auch einzelne
Vokale (a, e, i, o, u) getrennt. Gute Beispiele dafür sind die Wörter
O-ma, a-ber und E-he.

Bereits Vorschulkinder teilen beim Sprechen Wörter intuitiv nach
Sprechsilben auf. Die Verbindung der Buchstaben auch in ge-
schriebenen Wörtern zu erkennen, fällt Leseanfängern jedoch oft
noch schwer. Durch die farbigen Markierungen der einzelnen
Gruppen ist es für Kinder leichter, die richtige Einteilung zu üben.
Mit der Zeit lernen sie so, flüssig zu lesen, und begreifen auf diese
Weise schnell ganze Wörter.

Damit das Lesenlernen Spaß macht und nicht überfordert, sorgen
zudem zahlreiche bunte Bilder für ausreichend Lesepausen. Ihre
klare Zuordnung zum Geschehen in der Geschichte unterstützt
das Textverständnis. So kommen auch weniger geübte Leser
schnell zu einem Erfolgserlebnis und Lesen wird zum Kinderspiel!

# Silbengeschichten zum Lesenlernen

ISBN 978-3-7432-0504-8

ISBN 978-3-7432-0505-5

ISBN 978-3-7432-0705-9

ISBN 978-3-7432-0706-6